PHILOMEL BOOKS
An imprint of Penguin Random House LLC, New York

First published in the United States of America by Philomel Books,
an imprint of Penguin Random House LLC, 2022

Text copyright © 2022 by Chelsea Clinton
Illustrations copyright © 2022 by Tania de Regil
Translation copyright © 2022 by Penguin Random House LLC

Philomel Books is a registered trademark of Penguin Random House LLC.

Visit us online at penguinrandomhouse.com.

Library of Congress Cataloging-in-Publication Data is available.

Printed in the United States of America

ISBN 9780593404768

10 9 8 7 6 5 4 3 2 1

PC

Edited by Jill Santopolo
Design by Ellice M. Lee
Text set in Bell MT Pro

Art was done in watercolor, acrylic, colored pencil, and Photoshop.

Para Charlotte, Aidan,
Jasper y todos los futuros
hermanos mayores de
todo el mundo
—C. C.

Para Aleksander
—T. D. R.

¡Felicidades!

¡Nos hemos enterado de que un nuevo bebé viene a formar parte de tu familia! Eso quiere decir que estás a punto de entrar en el Club de los Niños Grandes. Ser un hermano o una hermana grande es un trabajo importante y queremos asegurarnos de que estés listo. Por eso aquí tienes una guía —especial para niños y niñas grandes— para conocer a tu bebé. Es lo que hubiésemos deseado saber antes de que llegaran nuestros propios bebés. ¿Estás preparado?

¿Mi bebé me puede ver?

Todos los bebés son diferentes y no todos nacen con la capacidad de ver.

Pero si tu bebé puede ver, verá borroso todo lo que no tiene justo enfrente.

Así que, ¡acércate y hazle todas las caras divertidas que quieras! Si tu

bebé no puede ver, puedes hacerlo reír a través de los demás sentidos.

Incluso los bebés que pueden ver, no ven los colores por un par de meses,

¡ni siquiera los que ves en este libro! En unos cuantos meses, esos bebés

podrán verte desde el otro lado de su cuna, ¡y te verán a todo color!

¿Mi bebé me puede escuchar?

La mayoría de los bebés pueden oír desde que nacen. Si tu bebé puede oír, entonces habla, canta, lee, silba y haz ruidos divertidos; ¡lo que quieras! A la mayoría de los bebés les encanta escuchar sonidos, siempre y cuando no sean demasiado fuertes. Un sonido fuerte podría asustar a tu bebé. (Si eso sucede, puedes cantarle una canción suave para ayudar a que se calme). Si tu bebé no puede oír, puedes hablarle y cantarle mientras lo sostienes en brazos para que sienta las vibraciones de tu voz. Además, puedes usar tus manos para comunicarte.

¿Por qué mi bebé duerme todo el tiempo?

Los bebés recién nacidos duermen mucho y no conocen la
diferencia entre el día y la noche. Puedes ayudar con una rutina
nocturna —¡quizás una que sea igual a la tuya!— para que
aprenda a dormir más de noche. Quizás puedas ayudarle con un
baño o cantándole una canción que te guste escuchar a ti antes de
irte a dormir. Hasta le puedes contar una historia.

¿Qué significa cuando mi bebé se pone a llorar?

Los bebés lloran por muchas razones: porque tienen hambre, están cansados, necesitan un cambio de pañal o eructar. A veces los bebés lloran porque necesitan un mimo y muchos bebés lloran cuando les están saliendo los dientes. No van a parar de llorar porque se lo pidas, incluso si les dices por favor. Pero a medida que vayas conociendo mejor a tu bebé, aprenderás a reconocer qué es lo que lo está haciendo llorar y puedes ayudar a tu adulto a lograr que tu bebé se sienta mejor.

¿Qué come mi bebé?

Algunos bebés toman leche materna, otros bebés toman leche de fórmula y casi siempre toman solo eso durante los primeros seis meses. Después de eso, tu bebé quizás empezará a beber agua o a comer papillas o comidas suaves. Para su primer cumpleaños, ¡quizás hasta coma un trozo de torta! (Y tú también, claro.)

¿Por qué mi bebé necesita eructar?

Muchos bebés tragan aire mientras comen (algunos

niños grandes y adultos también). Todo ese aire puede

hacerle daño a la barriguita de tu bebé y ponerlo muy

inquieto. Para ayudarle a deshacerse del aire, tu adulto

hará a tu bebé eructar. ¡Por eso le hacen todos esos

masajitos y palmaditas en la espalda! Quizás

hasta te dejen ayudar. Pero asegúrate

de utilizar un pañito, si tienes uno a

mano, porque algunos bebés

vomitan un poquito

cuando eructan.

¿Por qué mi bebé hace
tanto popó?

Los bebés recién nacidos comen cada dos o tres horas y algunos hacen popó después de cada comida. Entonces, si tu bebé es un bebé que hace eso, pues... ¡eso significa mucho popó! A medida que van creciendo, probablemente empiecen a hacer menos popó. Pero mientras tanto, si no te molesta que las cosas huelan un poco feo, puedes ayudarle a tu adulto a cambiar pañales cuando tu bebé hace popó. (Y no te preocupes si el popó de tu bebé se ve diferente al tuyo, es porque tú comes comida de niño grande y tu bebé no).

¿Cuándo me hablará mi bebé?

No por un buen rato. ¿Quizás cuando cumpla un año? O quizás unos meses antes o unos meses después. Algunos bebés hablan mucho más tarde e incluso algunos no pueden hablar o se comunican usando las manos o con la ayuda de una computadora. Las primeras palabras de muchos bebés son "papá" o "mamá", pero si a tu bebé le gusta conversar, sus primeras palabras pueden ser algo como… "tiranosaurio rex" o "esnórquel de elefante" (bueno, eso es poco probable).

¿Cuándo podrá caminar mi bebé?

Al igual que hablar, los bebés caminan cuando están listos y algunos no caminan. Algunos bebés también tienen que aprender a sentarse solos, gatear y ponerse de pie. ¡Hay tantas cosas que hacer! Puedes ayudarle mostrándole cómo se hace cada cosa. Cuando tu bebé pueda dar cinco pasos sin caerse, se considera que ya sabe caminar. Y si tu bebé no puede caminar, ya encontrarán otras maneras para que pueda trasladarse de un lugar a otro.

¿Por qué tengo que lavarme
las manos para tocar a mi
bebé recién nacido?

Justo después de nacer, tu bebé no podrá combatir bien los gérmenes. Algo que a ti quizás te genere un pequeño resfriado, podría enfermar gravemente a tu bebé. No es nada divertido cuando un bebé se enferma, así que asegúrate de lavarte bien las manos o de usar gel desinfectante antes de tocar a tu bebé. ¡Y asegúrate de que cualquier persona que quiera tocar a tu bebé haga lo mismo!

¿Por qué mi bebé nació sin dientes?

Los bebés no necesitan dientes cuando nacen porque sus cuerpos aún no están listos para consumir comida sólida. No te preocupes, a tu bebé le saldrán dientes cuando necesite morder o masticar su comida y es perfectamente normal que un bebé más grande coma comidas suaves ¡incluso si no tiene dientes!

¿Por qué todo el tiempo me dicen que tengo que tener cuidado con la cabeza de mi bebé?

Tu bebé nació con dos puntos blandos en la cabeza; uno en la parte de adelante y otro en la parte de atrás. Con el tiempo, los huesos de su cabeza se harán más fuertes, pero hasta entonces tienes que ser muy cuidadoso cuando toques cualquier parte de la cabeza de tu bebé, sobre todo cuando lo estén bañando o peinando.

¿Mi bebé me entiende
cuando le digo "te amo"?

Incluso antes de que tu bebé entienda las palabras, sabe lo que quiere decir cuando alguien lo abraza, le da besos, le sonríe o lo hace reír. Asi que, aunque quizás todavía no comprenda lo que significa "te amo", puedes hacer otras cosas para que sepa que su niño grande lo ama mucho. ¿Y adivina qué? Apenas aprenda a comunicarse, seguramente encontrará la manera de decirte que también te ama.

¡Hay tantas cosas que aprender de tu bebé! Como su nombre,

su canción preferida, su cuento preferido ¡y su baile favorito!

Pero al menos hay una cosa de la que puedes estar seguro:

Tu bebé es tuyo y lo amarás para siempre.

BiENVENiDOS al CLUB de LOS NiÑOS GRANDES

Lo que todo hermano mayor debe saber

Escrito por CHELSEA CLINTON

Ilustraciones por TANIA DE REGIL

Traducido por ANDREA MONTEJO y EVA IBARZÁBAL

PHILOMEL